Kommasetzung

Kommata richtig setzen

Alle Regeln, Tipps und Tricks mit 14 umfangreichen Übungen und über 70 Beispielen

Jonathan Schönthal

1. Auflage
© 2017 DiGi Generation GbR
Alle Rechte vorbehalten.

ISBN:
ISBN-13:

INHALT

1	Wozu setzt man überhaupt Kommata?	Seite 1
2	Kommasetzung bei Nebensätzen	Seite 3
3	Aufzählungen und die richtige Kommasetzung	Seite 13
4	Relativsätze – So setzt du das Komma richtig	Seite 15
5	Das, das oder dass?	Seite 20
6	„als" und „wie" – wann kommt ein Komma und wann nicht?	Seite 226
7	Kommasetzung bei Infinitivgruppen	Seite 34
8	Kommasetzung bei Partizipgruppen	Seite 38
9	Kommasetzung bei wörtlicher Rede	Seite 43
10	Kommasetzung bei Anreden und Ausrufen	Seite 46
11	Kommasetzung bei Erläuterungen	Seite 48
12	Lösungen	Seite 52

KAPITEL 1
WOZU SETZT MAN ÜBERHAUPT KOMMATA?

Warum braucht die deutsche Sprache so viele Kommata? Damit du die ganzen Regeln und Ausnahmen rund um die richtige Zeichensetzung nicht einfach nur stumpf auswendig lernst, ist es wichtig zu wissen, warum du das tust.

Die Deutschen lieben Schachtelsätze, auch Bandwurmsätze genannt. Viele Satzkonstruktionen in einen langen Satz zu packen macht ihnen Freude. Sobald du die Regeln beherrschst, wirst du bestimmt auch schnell Gefallen daran finden.

Denn so kannst du unglaublich viele Informationen in einen Satz packen und ihn, dank Kommata, für den Leser immer noch verständlich machen.

Kommata vereinfachen also das Lesen von Sätzen und verändern auch ihren jeweiligen Sinn.

Ein sehr bekanntes Beispiel ist:

„Wir essen gleich Oma."

Komma sei Dank können Missverständnisse vermieden werden und Oma wird nicht aufgegessen, denn gemeint ist:

„Wir essen gleich, Oma."

Und jetzt ist genug mit dem vielen Drum-Rum-Gerede und los geht es mit der richtigen Kommasetzung.

KAPITEL 2
KOMMASETZUNG BEI NEBENSÄTZEN

Haupt- und Nebensätze voneinander unterscheiden

Am häufigsten werden Kommata benutzt, um Haupt- und Nebensätze voneinander zu trennen. Haupt- und Nebensatz voneinander zu unterscheiden ist auch überhaupt nicht schwierig. Sieh dir folgendes Beispiel an:

„Ich freue mich auf den Urlaub, weil wir an's Meer fahren."

Haupt- und Nebensatz werden durch ein Komma getrennt. Du kannst den Hauptsatz am einfachsten erkennen, wenn du überprüfst, welcher Satzteil alleine stehen kann und trotzdem Sinn macht.

„Ich freue mich auf den Urlaub" würde auch ohne den anderen Teil des Satzes einen Sinn ergeben. „weil wir an's Meer fahren" hingegen hat keine eigene Aussage. Er definiert lediglich den Hauptsatz genauer und gibt eine zusätzliche Information.

Übung 1

Bestimme Haupt- und Nebensatz.

„Mein Freund raucht Zigaretten, obwohl es ungesund ist."

„Da ich nächste Woche nach Las Vegas fliege, spare ich jetzt Geld."

„Als die Nachbarn ein Baby bekamen, zogen sie in

ein größeres Haus."

„Sie isst am liebsten den Nachtisch, aber heute ist zu satt."

Konjunktionen

Natürlich gibt es auch andere Tricks Haupt- und Nebensatz voneinander zu unterscheiden. Bestimmte Konjunktionen sind Signalwörter, bei denen du sofort erkennen kannst, ob es sich um einen Haupt- oder Nebensatz handelt. Siehst du ein solches Signalwort weißt du, dass du ein Komma setzen musst.

Allgemein kannst du dir merken, dass diese Signalwörter

- den Zeitpunkt genauer bestimmen (temporal)
- etwas begründen (kausal)
- den Ort genauer bestimmen (lokal),
- eine Bedingung voraussetzen (konditional)

Etwas komplizierter sind Signalwörter, die
eine bestimmte Art und Weise beschreiben

- einen Zweck oder eine Absicht beschreiben
- eine unterwartete Folge einleiten (konzessiv).

Art der Konjunktion	Temporal Zeitpunkt bestimmen	Kausal etwas begründen	Lokal einen Ort bestimmen
Beispiel	Er ging nach Hause, **nachdem** er Feierabend hatte.	Sie mag kein Mathe, **weil** sie nicht gut rechnen kann.	Sie treffen sich an dem Ort, **wo** sie sich das erste Mal sahen.
Erklärung	Der **Zeitpunkt**, an dem er nach Hause geht, wird durch das Signalwort „**nachdem**" genauer bestimmt.	Das Signalwort „**weil**" **begründet**, warum sie kein Mathe mag.	Der Lokale Nebensatz, eingeleitet durch „**wo**", bestimmt genauer den **Ort**, an dem sie sich treffen.
Signalwörter	- nachdem - als - bevor - wann - seit - bis - solange	- weil - da - aufgrund - zumal	wo - vor - über - in

Kommasetzung - Kommata richtig setzen

Art der Konjunktion	Konditional eine Bedingung vorrausetzen	Modal beschreibt die Art und Weise	Final beschreibt den Zweck oder eine Absicht	Konzessiv eine unerwartete Folge
Beispiel	Er geht zur Party, wenn sie mitgeht.	Du benutzt den Computer, indem du ihn einschaltest.	Er geht arbeiten, damit er sich ein Auto kaufen kann.	Er fiel durch die Prüfung, obwohl er viel gelernt hatte.
Erklärung	Durch das „wenn" wird die **Bedingung** bestimmt, unter der er zur Party geht.	Das Signalwort „indem" definiert die **Art und Weise**, auf die der Computer benutzt werden kann.	Durch das Signalwort „**damit**" wird klar, mit welcher **Absicht** er arbeiten geht.	Das Signalwort „**obwohl**" deutet darauf hin, dass das Nicht-Bestehen der Klausur eine **unerwartete Folge** ist.
Signalwörter	- wenn - falls - sofern	- indem - wie - wie wenn - als ob - dadurch... dass	- damit	- obwohl - obgleich - wenn auch

Übung 2

Setze das Komma richtig:

Ich stehe morgens nicht gerne auf weil ich noch sehr müde bin.

Falls es morgen regnet geht sie nicht zum See.

Obwohl der Wetterbericht gut war regnete es den ganzen Tag.

Bevor sie in den Zug steigt kauft sie eine Fahrkarte.

Sofern ihm nichts dazwischen kommt wird er zum vereinbarten Termin erscheinen.

Übung 3

Bilde aus den beiden Sätzen einen Satz mit Haupt- und Nebensatz. Bestimme dann die Art des Nebensatzes.

Beispiel

Tobi geht jeden Tag joggen. Tobi ist fit.

Mögliche Antworten

Tobi geht jeden Tag joggen, weil er fit ist. (kausal)
Indem Tobi jeden Tag joggen geht, ist er fit. (modal)
Tobi geht jeden Tag joggen, damit er fit ist. (final)

Oft ist also nicht nur eine Lösung richtig.

Susi isst Suppe. Susi lässt die Suppe abkühlen.

Nico geht ins Kino. Nico war vor dem Kino arbeiten.

Die Klasse will einen Test bestehen. Die Klasse übt viel für den Test.

Janis trinkt viel Wasser. Janis lebt gesünder.

Konjunktionen zum Beschreiben von Gegensätzen

Konjunktionen werden umgangssprachlich auch

Bindewörter genannt. Auch sie sind dafür da, um den Hauptsatz genauer zu beschreiben.

Eine Funktion von so genannt Bindewörtern ist das Beschreiben eines Gegensatzes. Hier sind ein paar Beispiele:

Tina mag Pizza, **aber** nicht mit Spinat
Der Arzt verschreibt Medizin, **jedoch** nicht bei gesunden Patienten.
Zum einen wollte sie zur Party, **zum anderen** war sie erkältet.

Dabei kann die Konjunktion aus einem Wort bestehen. Diese Signalwörter sehen wie folgt aus:

- aber
- jedoch
- nicht
- vielmehr

Es können aber auch mehrere kleine Wörter sein:

- Zum einen..., zum anderen...
- Einerseits..., andrerseits...
- Nicht..., sondern...
- Zwar..., aber...
- Je..., desto...

Übung 4

Bilde aus den Hauptsätzen mithilfe von Konjunktionen, die Gegensätze beschreiben, jeweils einen langen Satz.

Stefan wünscht sich kein Feuerwehrauto. Stefan wünscht sich eine Ritterburg.

Der Zirkusdirektor ist zu den Kindern nett. Der Zirkusdirektor ist zu den Tieren gemein.
Maria trinkt viel Kaffee. Maria wird nicht wach.

Ausnahmen – Hier wird kein Komma gesetzt

Du schreibst einen Satz und er scheint aus zwei

Teilen zu bestehen. Du fragst dich: „Wo muss ich jetzt das Komma setzen?"

Die deutsche Sprache liebt Ausnahmen. Folgende Konjunktionen benötigen keine Kommasetzung: **„und"** und **„oder"**.

Diese beiden Wörtchen verbinden häufig zwei Hauptsätze.

Beispiel

Ich gehe eine Runde mit dem Hund und gehe dann nach Hause.
Meine Mutter liegt in der Sonne oder ist schwimmen.

Sowohl **„und"** als auch **„oder"** verbinden hier zwei Hauptsätze miteinander. Aber auch bei Aufzählungen musst du bei diesen beiden Wörtern achtsam sein.

KAPITEL 3
AUFZÄHLUNGEN UND DIE RICHTIGE KOMMASETZUNG

Aufzählungen sind zum Glück ein einfaches Thema und viel weniger komplex. Zählst du etwas auf, kommt zwischen jede Option, die du auflistest, ein Komma. Das sieht wie folgt aus:

„Pia wünscht sich ein Pferd, ein Trampolin, ein Schloss, ein Märchenbuch."

Wie du bestimmt bemerkt hast, klingt dieser Satz nicht ganz vollständig. Das liegt daran, dass Aufzählung vor dem letzten Teil der Auflistung das Wort „**und**" oder „**oder**" stehen haben.

Das sieht dann so aus:

„Pia wünscht sich ein Pferd, ein Trampolin, ein Schloss **und** ein Märchenbuch."

„Pia wünscht sich ein Pferd, ein Trampolin, ein Schloss **oder** ein Märchenbuch."

Je nachdem ob du ein „**und**" oder ein „**oder**" verwendest, ändert sich auch der Sinn der Aufzählung.

Wählst du ein „**und**" benutzt, dann wünscht sich Pia jeden einzelnen Gegenstand der Aufzählung. Bei einem „**oder**" wünscht sie sich nur ein Objekt der Aufzählung.

Ein „**und**" und ein „**oder**" verbinden also entweder zwei Hauptsätze miteinander oder werden für eine Aufzählung verwendet.

KAPITEL 4
RELATIVSÄTZE – SO SETZT DU DAS KOMMA RICHTIG

Du hast bereits Nebensätze kennengelernt, die den gesamten Hauptsatz genauer definieren. Relativsätze haben eine ähnliche Aufgabe. Allerdings beziehen sie sich nur auf ein bestimmtes Wort und beschreiben dieses genauer.

Relativsätze werden durch Artikel eingeleitet, also „der, die, das" und ihren Deklinationen. Zur Wiederholung siehst du hier noch einmal die Deklination der Artikel.

	Maskulinum Singular	Femininum Singular	Neutrum Singular	Plural
Nominativ (wer oder was)	der	die	das	die
Genitiv (wessen)	des	der	des	der
Dativ (Wem oder was)	dem	der	dem	den
Akkusativ (Wen oder was)	den	die	das	die

Die Artikel werden aber, sobald sie für einen Relativsatz verwendet werden, **Relativpronomen** genannt. Ein Beispiel für einen Relativsatz lautet:

Eine **Straße, die** ich überquere, ist grau.

Der Relativsatz lautet hier „die ich überquere" und bezieht sich auf das Nomen „Straße". Das „**die**" ist in diesem Beispiel das Relativpronomen.

Der Numerus und Kasus des Relativpronomens wird vom Verb des Relativsatzes bestimmt.

Ich gehe mit dem Hund, **den** *ich gerne habe*, spazieren.
Wen oder was habe ich gerne? – **Den** Hund.

Sie läuft die Strecke**, auf der** *sie sich auskennt.*
Auf wem oder was kennt sie sich aus? – **Auf der** Strecke.

Beim Gebrauch des Akkusativs schiebt sich dann noch eine Präposition vor das Relativpronomen. In dem letzten Beispiel wäre das „auf". Ein anderes wäre:

Ich mag den Hund, **vor dem** *ich mich immer so gefürchtet habe*, jetzt sehr gerne.

Vor wem habe ich mich immer sehr gefürchtet? – **Vor dem** Hund.

Relativsätze können am Ende stehen, aber auch eingeschoben werden. Wichtig ist, dass du dir merkst, dass sie in fast jedem Fall hinter dem dazugehörigen Bezugswort stehen. Hier sind andere Beispiele:

Die **Frau, die** ich heirate, ist wunderschön.
Wunderschön ist die **Frau, die** ich heirate.
Der **Schrank, den** ich aufbaue, war sehr teuer.
Sehr teuer war der **Schrank, den** ich gerade aufbaue.

Übung 5

Bilde aus den folgenden Sätzen einen Hauptsatz mit dem dazugehörigen Relativsatz. Bilde die Sätze so, dass der Relativsatz einmal eingeschoben wird und einmal ganz am Ende steht.

Ich streichle eine Katze. Die Katze ist weich.

Der Hund bellt. Der Hund beißt nicht.

Paula über für eine sehr schwierige Klausur. Paula will die Klausur bestehen.

Papa streicht seit Stunden eine riesige Wand. Die Wand ist sehr dreckig.
Der Mann beschwert sich oft über seinen Nachbarn. Der Nachbar wohnt unter ihm. Der Mann besitzt drei

Katzen.

Der Kaffee schmeckt sehr gut. Der Kaffee wird von Lea zubereitet. Lea arbeitet seit zwei Jahren in einem Café'.

KAPITEL 5
DAS, DAS ODER DASS?

Die deutsche Sprache hat viele Wörter, die sich gleich anhören und dabei sogar gleich oder ähnlich geschrieben werden. Sie werden aber grammatikalisch unterschiedlich behandelt.

Relativpronomen kennst du nun und du weißt auch, dass dort das Wort „das" auftauchen kann.

Ein „das" muss aber nicht zwingend einen Nebensatz einleiten. Es kann genauso gut ein einfacher Artikel sein.

Das Küken ist sehr klein.

Das Auto ist rot.

Dabei bezieht sich der Artikel „**das**" immer direkt auf das dazugehörige Nomen. Die beiden haben denselben Numerus und denselben Kasus.

Es kann sich bei „das" aber auch um ein sogenanntes Demonstrativpronomen handeln. Es wird wie ein Artikel behandelt, zu dem das passende Nomen fehlt. Es wurde mutmaßlich im Satz davor schon einmal erwähnt.

„**Das** ist sehr schön."

Im ganzen Zusammenhang vielleicht:

„Markus hatte einen schönen Urlaub. **Das** ist sehr schön."

Dabei bezieht sich „**das**" auf die Tatsache, dass Markus einen schönen Urlaub hatte.

Wann wird „dass" mit zwei s geschrieben?

Viele Menschen sind sich bezüglich des Gebrauchs von „dass" und „das" nicht sicher. Kein Wunder, sie hören sich schließlich auch gleich an. Aber es gibt einfache Regeln, die dir verraten, wann ein „das" mit zwei s geschrieben werden muss.

Nach „Kopfverben" kommt ein „dass".
Kopfverben sind Verben des

- Sagens
- Meinens
- Glaubens
- Hörens
- Sehens
- Mitteilens
- Riechens
- Schmeckens
- Wissens
- …

Kommasetzung - Kommata richtig setzen

Hier sind einige Beispiele:

Ich **glaube, dass** es morgen regnet.
Pia **meint, dass** der Text zu schwierig war.
Das Küken **hört, dass** es bald Futter gibt.
Der Autofahrer **sieht, dass** die Ampel grün ist.

Verben des Mitteilens meinen aber beispielsweise auch „schreiben." Obwohl du natürlich nicht mit dem Kopf schreibst, ist „schreiben" eine Art des Mitteilens/Sagens.

Er **schreibt** in dem Brief, **dass** es ihm leidtut.

Es gibt aber noch eine zweite Regel. Bist du dir nicht sicher, ob ein „das" mit zwei s geschrieben wird oder nur mit einem, setzt du an die Stelle des „das" einfach die Wörter „dieses", „jenes" oder „welches".

Beispiel:

Julia denkt, das/dass ihr Geburtstag sehr schön war.

Nun kannst die entsprechenden Wörter einsetzen:

„Julia denkt, dieses ihr Geburtstag sehr schön war."
„Julia denkt, jenes ihr Geburtstag sehr schön war."
„Julia denkt, welches ihr Geburtstag sehr schön war."

Wie du sicher merkst, klingt jede Möglichkeit falsch. Somit weißt du, dass dort ein „dass" hingehört.

„Julia denkt, dass ihr Geburtstag sehr schön war."

Übung 6

Entscheide, ob es sich im Folgenden um „das" oder „dass" handelt. Setze zudem die Kommata richtig.

Das/Dass Kinder zu Anfang gerne in die Schule gehen weiß jeder. Dabei ist es klar das/dass dieser Spaß am Unterricht bald vergeht. Sobald das/dass Kind erste Schwierigkeiten in Mathe hat, und das/dass ist durchaus keine Seltenheit, verlässt ihn der Mut.

Kommasetzung - Kommata richtig setzen

„Ich habe dir gleich gesagt, das/dass das/dass Kind Nachhilfe braucht.", rechtfertigen das/dass die Eltern. In Wirklichkeit muss vielleicht nur die Art des Unterrichts verändert werden.

Das/Dass Kind sollte wissen das/dass es den Stoff der Mathematik später braucht. Das/Dass sollte auch die Bildungspolitik wissen und das/dass Lehrmaterial dementsprechend verändern. Denn es ist doch wichtig das/dass die Kinder wieder Freude an dem haben, was sie tun. Das/Dass das/dass die richtige Entscheidung wäre denken auch die Eltern.

KAPITEL 6
„ALS" UND „WIE" – WANN KOMMT EIN KOMMA UND WANN NICHT?

„Als" und „wie" werden oft für Vergleiche verwendet. Aber nicht nur. Dir sind diese Worte schließlich schon in den vorherigen Kapiteln begegnet und dort ging es noch nicht um Vergleiche.

Damit du genau weist, wann es sich um einen Vergleich handelt und wann nicht und wann ein Komma gesetzt werden muss, hilft dir dieser Abschnitt des Buches.

Zunächst erfährst du, worin die Unterschiede zwischen „als" und „wie" liegen. Dann werden die beiden Wörter noch einmal einzeln beleuchtet.

„als" und „wie" in Vergleichen – Wann benutzt man was?

Zu wissen, wann du „als" und wann du „wie" in Vergleichen benutzt, ist gar nicht so schwierig.

„**Wie**" benutzt du, wenn du zwei Dinge miteinander vergleichst, die sich in einem bestimmten Punkt gleichen. Sei es, dass sie gleichermaßen schön, schrecklich oder schwierig sind.

„Deine Katze ist so groß **wie** mein Hund."
„Das Bild, das ich gemalt habe, ist so schön, **wie** das Bild, das du gemalt hast."

„Der Tiger besitzt genauso viele Streifen **wie** ein Zebra."

„**Als**" hingegen steht meist im Zusammenhang mit einem Komparativ. Zur Erinnerung: Ein Komparativ ist die erste Steigerung eines Adjektivs, zum Beispiel: Schöner, schneller, weiter. Charakteristisch für den

Komparativ ist die Endung „er".

Aber nicht nur nach Komparativen folgt ein „als". Auch bei Vergleichen, in denen zwei ungleiche Dinge, Tätigkeiten oder Menschen miteinander verglichen werden.

„Lisa ist kräftiger **als** Paul."
„Ich springe heute höher, **als** Papa gestern gesprungen ist."
„Tobi hat mehr zu Weihnachten bekommen **als** seine Geschwister."

Kommasetzung bei „wie"

Beschäftigen wir uns zuerst mit dem „wie".

Ein „wie" kann
- für einen Vergleich genutzt werden
- „Thorben ist so groß **wie** sein Vater."
- einen modalen Nebensatz einleiten
- „Du kochst die Nudeln, **wie** es in der

Bedienungsanleitung steht."
- Elemente einer Aufzählung miteinander verbinden.
- „Kaffee wie Tee wie Kakao können zu Verbrennungen führen."

Die Kommasetzung bei „wie" in Vergleichen

Bei Vergleichen kommt es auf den Satzbau der beiden Satzteile, vor und hinter dem **„wie"**, an. Diese beiden Teile entscheiden, ob ein Komma nötig ist oder nicht.

Befindet sich nach dem „wie" kein Verb mehr, setzt du kein Komma.

„Der Kaffee ist so schwarz **wie** deine Seele."
„Das Eis ist kalt **wie** dein Herz."
„Der See ist so blau **wie** das Meer."

Ein Komma ist allerdings nötig, wenn nach dem „wie" ein weiteres Verb folgt.

„Meine Oma kocht so gut**, wie** deine Mutter letztes Wochenende **gekocht hat**."

„Die Cola ist so erfrischend**, wie** ich **gehofft habe**."

Die Kommasetzung bei „wie" in Modalsätzen kannst du im ersten Kapitel noch einmal nachlesen. Bei der Aufzählung gilt das Gleiche wie für die Aufzählungen bei „oder" und „und": Es wird kein Komma verwendet.

„Das Leben **wie** der Tod **wie** die Geburt gehören zum Menschendasein dazu."

Übung 7

Handelt es sich um einen Vergleich, einen modalen Nebensatz oder eine Aufzählung?

Die Katze ist so schnell wie der Blitz.
Männer wie Frauen wie Kinder dürfen das Gebäude nicht betreten.
Er weiß nicht, wie man mit Brüchen rechnet.
Oma kocht genauso gut wie früher.

Die Stifte malen so, wie es der Verkäufer es beschrieben hat.

Kommasetzung bei „als" in Vergleichen

Leitet ein „als" einen Vergleichssatz ein, der ein Subjekt und ein Verb besitzt, wird ein Komma gesetzt.

Ich laufe im Moment lieber zur Schule**, als du** früher zur Arbeit **liefst**.
Er trinkt lieber Kaffee**, als sie** es jemals **tun wird**.

„Er trinkt lieber Kaffee" ist der Hauptsatz. Der durch „**als**" eingeleitete Nebensatz besitzt aber ebenfalls ein Subjekt (**sie**) und ein Verb (**tun wird**) und wird deswegen durch ein Komma getrennt.

Steht hinter dem „als" kein Verb mehr zusammen mit einem Subjekt, dann wird kein Komma gesetzt.
„Dein Glas ist voller als meins."
„Die Sonne scheint heller als der Mond."
„Das ist leichter gesagt als getan."

Bei „Das ist leichter gesagt als getan." Steht nach dem „als" zwar ein Verb, aber kein dazugehöriges Subjekt. Daher wird hier kein Komma gesetzt.

Eine Erläuterung mit „als" wird ohne Komme verwendet. Aber dazu erfährst du mehr im nächsten Kapitel.

Wie „als" in Temporalsätzen verwendet werden, kannst du im ersten Kapitel nachlesen, falls du es nicht mehr weißt.

Übung 8

Handelt es sich um einen Vergleich oder um einen temporalen Nebensatz?

Das Buch ist spannender als das letzte.
Nico hat sich oft versteckt, als er klein war.
Die Küche sah sauberer aus, als das Badezimmer es jemals gewesen ist.
Als sie eine Putzfrau hatten, war die Küche immer sehr sauber.

Übung 9

Entscheide, ob ein Komma gesetzt werden muss.

Obst ist gesünder als Schokolade.
Sie isst mehr Obst als ihre Freunde essen können.
Menschen trinken so viel Wasser wie sie an Flüssigkeit brauchen.
Als ich von dem Unfall gehört habe fuhr ich sofort los.
Bereite den Kaffee so zu wie es dir gezeigt wurde.
Das ist wie damals als ich noch ein Kind war.
Monika freut sich auf Weihnachten wie Kinder sich auf ihren Geburtstag freuen.
Laura malt schönere Bild als Henriette.

KAPITEL 7
KOMMASETZUNG BEI INFINITIVGRUPPEN

Manchmal ist es nicht nur ein einziges Signalwort, sondern verschiedene Gruppen von Wörtern, die in einer bestimmten Konstellation ein Komma verlangen.

Ein Beispiel hierfür sind Infinitivgruppen.

Was sind Infinitivgruppen?

Infinitivgruppen werden aus dem Wort „zu", einem Wort im Infinitiv und einer näheren Bestimmung gebildet. Also:

zu + Verb im Infinitiv + nähere Bestimmung = Infinitivgruppe

Infinitivgruppen mit Signalwörtern

Nicht alle Infinitivgruppen brauchen ein Komma. Um zu erkennen, ob ein Komma gesetzt werden muss oder nicht, helfen wieder die entsprechenden Signalwörter. Diese lauten:

- anstatt
- statt
- außer
- ohne
- um

Beispiel

Er ging zum Bäcker, **um** *Brötchen zu holen*.

„Brötchen zu holen" ist in diesem Fall die Infinitivgruppe.
Brötchen = Bezugswort

zu = zu

holen = Verb im Infinitiv.

Das Signalwort „**um**" weist darauf hin, dass hier ein Komma gesetzt werden muss.

Weitere Beispiele

Thomas geht lieber zum Fußballspiel, **anstatt** *für die Klausur zu lernen.*

Jürgen arbeitet, **ohne** *eine Pause zu machen.*

Infinitivgruppen, die sich auf ein Nomen beziehen

Bezieht sich die Infinitivgruppe auf ein Nomen, muss diese von jenem getrennt werden.

Beispiel

Bei dem **Versuch**, *den Test zu bestehen*, ist sie durchgefallen.

Die Infinitivgruppe bezieht sich auf ein Verweiswort

Auch hier geht es wieder um Signalwörter, die auf etwas hinweisen. Entsprechende Verweiswörter können folgende sein:

- es
- daran
- darauf

Stefan hat fest **daran** geglaubt, den *Test zu bestehen*.
Alma freut sich **darau**f, ihren *Geburtstag zu feiern*.

Übung 10
Setze die Kommata richtig ein.

Er spielt jeden Tag Fußball um der beste zu werden.
Leon isst lieber Eis anstatt sich gesund zu ernähren.
Sie hofft darauf noch eine Chance zu bekommen.
Der Tee schmeckt ohne Zucker hinzu zu geben.

KAPITEL 8
KOMMASETZUNG BEI PARTIZIPGRUPPEN

Dieses Thema erscheint von außen erst einmal komplex. Lass dich nicht von dem Wort „Partizipgruppen" abschrecken. Sobald du weißt, worum es sich dabei handelt, sind die Zeichensetzungsregeln dazu gar nicht mehr schwierig.

Was ist eine Partizipgruppe?

Eine Partizipgruppe besteht aus einem **Partizip** (weinend; lachend; tobend) und einer **näheren Bestimmung** (aus tiefer Kehle; auf vollem Hals; aus Wut).

Partizipgruppen sind im Prinzip dafür da, einen kurzen Satz zu einem Satzteil umzuformen, damit dieser Teil eines langen Satzes werden kann.

Beispiel

Wale fressen Plankton. Für die Nahrungsaufnahme sperren sie ihr Maul weit auf und hoffen auf möglichst viel Beute.

Die planktonfressenden Wale sperren ihr Maul für die Nahrungsaufnahme weit auf und hoffen auf möglichst viel Beute.

Oft werden Partizipgruppen auch dafür verwendet Relativsätze zu ersetzen.

Laura, **die lacht, als sie ihre Freunde begrüßt**, ist froh wieder Zuhause zu sein.

Laura **begrüßt lachend ihre Freunde** und ist froh wieder Zuhause zu sein.

Allgemein haben Partizipien, ähnlich wie Adjektive, eine beschreibende Funktion.

Wann werden Kommata bei Partizipgruppen gesetzt?

Wird eine Partizipgruppe von einem Hauptsatz eingeschlossen, bietet es sich an ein Komma zu setzen. So verleihst du dem Satz Übersichtlichkeit und er kann verständlicher gelesen werden.

Beispiel

Marie glaubte, **von dem Schauspieler völlig begeistert**, den besten Film ihres Lebens gesehen zu haben.

Luis kehrte, **sich über den Test beschwerend**, nach Hause zurück.

Wird eine Partizipgruppe oder ein einzelnes Partizip von einem Verweiswort angekündigt, musst du unbedingt ein Komma setzen.

Kommasetzung - Kommata richtig setzen

Beispiel

In der Ecke **liegend, so** fand er sie vor.

Wenn ein Partizip alleine steht, darfst du kein Komma setzen.

Weinend setzte Pia sich zu ihrer Mutter.

Übung 11

Entscheide, ob ein Komma gesetzt werden muss.

Sie legte das schreiende Kind zurück ins Bett.
Mia legte sich vom harten Arbeitstag erledigt endlich auf die Couch.
Weinend und verletzt so ging sie zur Polizei.
Lukas entschied vom Essen überzeugt das Restaurant erneut zu besuchen.

Übung 12

Bilde aus den Relativ- und Nebensätzen entsprechende Partizipialkonstruktionen. Setze dabei die Kommata richtig.

Das Tier, das in Höhlen lebt, fürchtet sich vor Menschen.

Der Esel, der von der lauten Straße eingeschüchtert ist, bewegt sich keinen Zentimeter.

Die Sekretärin, die von ihren Aufgaben völlig vereinnahmt ist, liebt ihre Arbeit trotzdem.

Die Mädchen kichern, als sie an den Jungs vorbeilaufen.

Leonie, die ihre Lehrerin bewundert, tut alles, was diese ihr sagt.

KAPITEL 9
KOMMASETZUNG BEI WÖRTLICHER REDE

Dieses Thema ist kurz und knapp zu behandeln, da es sehr einfach ist.

Nach der wörtlichen Rede folgt ein Komma, wenn der Satz danach weitergeht.

Folgen nach der wörtlichen Rede beispielsweise Phrasen wie „sagt er", „fragte sie" usw. steht nach den Anführungszeichen ein Komma. Die wörtliche Rede an sich darf in diesem Fall mit einem Ausrufezeichen oder einem Fragezeichen beendet werden, aber niemals mit einem Punkt.

Beispiel

„Möchtest du noch ein Brötchen?", fragte Michael.
„Das macht Spaß!", rief Beatrice.
„Du malst wirklich schöne Bilder", sagte die Lehrerin zu Thomas.

Falsch wäre folgendes Beispiel

„Du malst wirklich schöne Bilder", sagte die Lehrerin zu Thomas.

Nur wenn die wörtliche Rede für sich alleine steht, danach also der Satz nicht weitergeht, folgt danach kein Komma. Nur dann darf innerhalb der Anführungszeichen, neben einem Ausrufe- und Fragezeichen, auch ein Punkt stehen.

Beispiel

„Das war der beste Tag meines Lebens."

Kommasetzung - Kommata richtig setzen

Übung 13

Wandle die Zusammenhänge in wörtliche Rede um und entscheide, wie ein Komma gesetzt werden muss.

Er sagt ihr, dass es ein super Tag war.
Sie erklärte, dass er völlig verrückt geworden sei.
Er ruft, dass alle zusammen ins Kino gehen sollen!
Er sagte seiner Mutter, dass der Kakao wirklich sehr gut schmeckt.
Er fragte seinen Chef, ob er früher gehen dürfe.

KAPITEL 10
KOMMASETZUNG BEI ANREDEN UND AUSRUFEN

Bei Anreden und Ausrufen wird dieselbe Regel bezüglich der Komma-Setzung benötigt.

Anreden verwendest du zum Beispiel in Briefen oder in der wörtlichen Rede. Ausrufe werden nahezu nur in wörtlichen Reden verwendet.

Wichtig ist hierbei, das Komma direkt nach der Anrede oder dem Ausruf zu setzen.

Beispiel

„Autsch, das war mein Fuß!"

Liebe Frau Müller, [...]

„Oma, könntest du mir eine Geschichte vorlesen?"

KAPITEL 11
KOMMASETZUNG BEI ERLÄUTERUNGEN

Gerade, wenn du einen Brief oder einen wichtigen Aufsatz schreibst, ist es wichtig, dass du die Kommasetzung bei Erläuterungen richtig beherrschst.

Wörter, die eine Erläuterung einleiten können:

- also
- das heißt (d.h.)
- insbesondere
- besonders
- nämlich

- und zwar
- vor allem
- zum Beispiel (z.B.)

Vor und hinter dem Satzteil, der von einer Erläuterung eingeleitet wird, setzt du jeweils ein Komma. Das sieht dann so aus:

Beispiel

Stefanie liest gerne Bücher**, zum Beispiel** Abenteuerromane.
Lisa geht**, vor allem** freitags, gerne tanzen.
Ich habe die Bücher gelesen**, und zwar** alle drei.

Wie du richtig erkannt hast, steht bei „und zwar" ein Komma vor dem „und".

Hier merkst du dir einfach, dass vor dem Wort „und" in Verbindung mit einem „zwar" eine Erläuterung eingeleitet wird, die ein Komma bedarf.
Das "und" verbindet in diesem Fall weder zwei Hauptsätze noch ist es Teil einer Aufzählung.

Es gibt aber auch nachgestellte Erläuterungen, die nicht durch ein solches Signalwort eingeleitet werden. Wird etwas am Ende des Satzes konkretisiert, beispielsweise durch eine Ort- oder Zeitangabe, ist dieser Satzteil durch ein Komma von dem Rest des Satzes zu trennen.

Beispiel

Wir gehen ins Kino**, in 5 Minuten**.
Wir gehen ins Kino**, um die Ecke**.

Übung 14

Bilde aus den folgenden Fragmenten Sätze, die eine Erläuterung beinhalten.

Die Lehrerin gibt der Klasse Hausaufgaben auf. Mathe ist ihr am wichtigsten.

Der Film geht 90 Minuten. Das sind etwa eineinhalb Stunden.

Kommasetzung - Kommata richtig setzen

Lisa gibt Tobias keinen Schokoriegel. Tobias hatte schon drei Stück.

Richard mag Hunde. Am liebsten hat er Schäferhunde.

Magarete koch gut. Ihre Aufläufe sind ein Traum.

KAPITEL 12
LÖSUNGEN

Übung 1

Hauptsatz, Nebensatz

Nebensatz, Hauptsatz

Nebensatz, Hauptsatz

Hauptsatz, Nebensatz

Übung 2

Ich stehe morgens nicht gerne auf, weil ich noch sehr müde bin.

Falls es morgen regnet, geht sie nicht zum See.

Obwohl der Wetterbericht gut war, regnete es den ganzen Tag.

Bevor sie in den Zug steigt, kauft sie eine Fahrkarte.

Sofern ihm nichts dazwischenkommt, wird er zum vereinbarten Termin erscheinen.

Übung 3

Susi isst die Suppe, nachdem sie abgekühlt ist. (temporal)

Da die Suppe abgekühlt ist, isst Sui sie. (kausal)

Wenn die Suppe abgekühlt ist, isst Susi sie. (konditional)

Nachdem er arbeiten war, geht Nico ins Kino. (temporal)

Bevor Nico ins Kino geht, ist er arbeiten. (temporal)

Indem die Klasse viel für den Test übt, will sie den Test bestehen. (modal)

Da die Klasse den Test bestehen will, übt sie viel dafür. (kausal)

Damit die Klasse den Test besteht, übt sie viel dafür. (final)

Wenn die Klasse den Test bestehen will, übt sie viel dafür. (konditional)

Die Klasse besteht den Test, nachdem sie viel dafür geübt hat. (temporal)

Indem Janis viel Wasser trinkt, lebt er gesünder. (modal)

Janis lebt gesunder, weil er viel Wasser trinkt. (kausal)

Nachdem Janis viel Wasser getrunken hat, lebt er gesünder. (temporal)

Als Janis viel Wasser trinkt, lebt er gesünder. (temporal)

Falls Janis viel Wasser trinkt, lebt er gesünder. (konditional)

Übung 4

Stefan wünscht sie kein Feuerwehrauto, vielmehr wünscht er sich eine Ritterburg.

Stefan wünscht sich kein Feuerwehrauto, jedoch wünscht er sich eine Ritterburg.

Einerseits ist der Zirkusdirektor nett zu den Kindern, andrerseits ist zu den Tieren gemein.

Zwar ist der Zirkusdirekt nett zu den Kindern, aber zu den Tieren ist er gemein.

Maria trinkt viel Kaffee, jedoch wird sie nicht wach.

Zwar trinkt Maria viel Kaffee, aber sie wird nicht wach.

Übung 5

Die Katze, die ich streichle, ist weich.

Ich streichle eine Katze, die weich ist.

Der Hund, der bellt, beißt nicht

.

Paula, die die Klausur bestehen will, übt sehr viel für diese.

Paula übt für eine sehr schwierige Klausur, die sie bestehen will.

Papa streich seit Stunden eine riesige Wand, die sehr dreckig ist.

Die Wand, die Papa seit Stunden streicht, ist sehr dreckig.

Der Mann, der drei Katzen besitzt, beschwert sich oft über seinen Nachbarn, der unter ihm wohnt.

Der Kaffee, den Lea zubereitet, die seit zwei Jahren in einem Café' arbeitet, schmeckt sehr gut.

Lea, die seit zwei Jahren in einem Café' arbeitet, bereitet einen Kaffee zu, der sehr gut schmeckt.

Übung 6

Dass Kinder zu Anfang gerne in die Schule gehen, weiß jeder. Dabei ist es klar, dass dieser Spaß am Unterricht bald vergeht. Sobald das Kind erste

Schwierigkeiten in Mathe hat, und das ist durchaus keine Seltenheit, verlässt ihn der Mut.

„Ich habe dir gleich gesagt, dass das Kind Nachhilfe braucht", rechtfertigen das die Eltern. In Wirklichkeit muss vielleicht nur die Art des Unterrichts verändert werden. Das Kind sollte wissen, dass es den Stoff der Mathematik später braucht. Das sollte auch die Bildungspolitik wissen und das Lehrmaterial dementsprechend verändern. Denn es ist doch wichtig, dass die Kinder wieder Freude an dem haben, was sie tun. Dass das die richtige Entscheidung wäre, denken auch die Eltern.

Übung 7

Vergleich

Aufzählung

Modaler Nebensatz

Vergleich

Modaler Nebensatz

Übung 8

Vergleich

Temporaler Nebensatz

Vergleich

Temporaler Nebensatz

Übung 9

Obst ist gesünder als Schokolade.

Sie isst mehr Obst, als ihre Freunde essen können.

Menschen trinken so viel Wasser, wie sie an Flüssigkeit brauchen.

Als ich von dem Unfall gehört habe, fuhr ich sofort los.

Bereite den Kaffee so zu, wie es dir gezeigt wurde.

Das ist wie damals, als ich noch ein Kind war.

Monika freut sich auf Weihnachten, wie Kinder sich auf ihren Geburtstag freuen.

Laura malt schönere Bild als Henriette.

Übung 10

Er spielt jeder Tag Fußball, um der beste zu werden.

Leon isst lieber Eis, anstatt sich gesund zu ernähren.

Sie hofft darauf, noch eine Chance zu bekommen.

Der Tee schmeckt, ohne Zucker hinzuzugeben.

Übung 11

Sie legte das schreiende Kind zurück ins Bett.

Mia legte sich, vom harten Arbeitstag erledigt, endlich auf die Couch.

Weinend und verletzt, so ging sie zur Polizei.

Lukas entschied, vom Essen überzeugt, das Restaurant erneut zu besuchen.

Übung 12

Das in Höhlen lebende Tier fürchtet sich vor Menschen.

Der Esel, von der lauten Straße eingeschüchtert, bewegte sich keinen Zentimeter.

Die Sekretärin, von ihren Aufgaben völlig vereinnahmt, liebt ihre Arbeit.

Kichernd laufen die Mädchen an den Jungs vorbei.

Leonie, ihre Lehrerin bewundernd, tut alles, was diese ihr sagt.

Übung 13

„Das war ein super Tag", sagt er ihr.

„Er ist völlig verrückt geworden", erklärte sie.

„Lass und ins Kino gehen!", ruft er.

„Der Kakao schmeckt wirklich sehr gut", sagte er seiner Mutter.

„Darf ich früher gehen?", fragte er seinen Chef.

Übung 14:

Die Lehrerin gibt der Klasse Hausaufgaben auf, besonders Mathe ist ihr wichtig.

Der Film geht 90 Minuten, also in etwa eineinhalb Stunden.

Lisa gibt Tobias keinen dritten Schokoriegel, er hatte nämlich schon drei Stück.

Kommasetzung - Kommata richtig setzen

Richard mag Hunde, insbesondere Schäferhunde.

Magarete kocht gut, vor allem ihre Aufläufe sind ein Traum.

Ihr Jonathan Schönthal

RECHTLICHES UND IMPRESSUM

Das Werk einschließlich aller Inhalte ist urheberrechtlich geschützt. Der Nachdruck oder die Reproduktion, gesamt oder auszugsweise, sowie die Einspeicherung, Verarbeitung, Vervielfältigung und Verbreitung mit Hilfe elektronischer Systeme, gesamt oder auszugsweise, ist ohne schriftliche Genehmigung des Autors untersagt. Alle Übersetzungsrechte vorbehalten.

Die Inhalte dieses Buches wurden anhand von anerkannten Quellen recherchiert und mit hoher Sorgfalt geprüft. Der Autor übernimmt dennoch keinerlei Gewähr für die Aktualität, Richtigkeit und Vollständigkeit der bereitgestellten Informationen. Haftungsansprüche gegen den Autor, welche sich auf Schäden gesundheitlicher, materieller oder ideeller Art beziehen, die durch die Nutzung oder Nichtnutzung der dargebotenen Informationen bzw. durch die Nutzung fehlerhafter und unvollständiger Informationen verursacht wurden, sind grundsätzlich ausgeschlossen, sofern seitens des Autors kein nachweislich vorsätzliches oder grob fahrlässiges Verschulden vorliegt. Dieses Buch ist kein Ersatz für medizinische und professionelle Beratung und Betreuung.

Dieses Buch verweist auf Inhalte Dritter. Der Autor erklärt hiermit ausdrücklich, dass zum Zeitpunkt der Linksetzung keine illegalen Inhalte auf den zu verlinkenden Seiten erkennbar waren. Auf die verlinkten Inhalte hat der Autor keinen Einfluss. Deshalb distanziert der Autor sich hiermit ausdrücklich von allen Inhalten aller verlinkten Seiten, die nach der Linksetzung verändert wurden. Für illegale, fehlerhafte oder unvollständige Inhalte und insbesondere für Schäden, die aus der Nutzung oder Nichtnutzung solcherart dargebotener Informationen entstehen, haftet allein der Anbieter der Seite, auf welche verwiesen wurde, nicht aber der Autor dieses Buches.

© 2020

Alle Rechte vorbehalten.

c/o AutorenService24

Wenneberg 14

48653 Coesfeld

www.autorenservice24.de

www.ingramcontent.com/pod-product-compliance
Lightning Source LLC
Chambersburg PA
CBHW050239230526
45470CB00005B/2032